Made in the USA
Las Vegas, NV
28 November 2021

35442365R00056